Wat een avontuur

Stef van Dijk
tekeningen van Camila Fialkowski

Op school

'Dus, wat doe je?' vraagt mam.
'Ik ga met Pepijn mee,' zegt Sam.
Hij zucht.
Mam vraagt dit nu al voor de derde keer.
'Na school ga ik mee naar zijn huis.'
Mam knikt blij.
'Jij of pap komt me ophalen,' zegt Sam.
'Hoe laat komen we je halen?'
'Om vijf uur, mam.'
'Heel goed schat.'
Mam geeft hem een kus.
Midden op het schoolplein.
'Hé, Sam.'
Daar komt Pepijn aan.
'Dag mam,' zegt Sam snel.
Hij rent naar Pepijn toe.
'Dag lieverd,' roept mam nog.
Sam doet net of hij niets hoort.
Samen met Pepijn gaat hij naar binnen.

In de klas krijgt Sam ruzie met Pepijn.
Het gebeurt vanzelf.
'Mag ik je gum even?' vraagt Pepijn.

3

Hij trekt hem uit Sams handen.

'Dank je wel.'

Sam was net zelf iets aan het uitgummen.

'Wat doe je nou?'

Hij wordt boos.

Hij pakt de gum terug.

'Hé, ik ben ermee bezig,' zegt Pepijn.

Pepijn schopt hem onder tafel.

'Au!' schreeuwt Sam.

Juf kijkt streng hun kant uit.

Sam wrijft over zijn zere been.

Hij moet bijna huilen.

Maar hij houdt zich groot.

Pepijn kijkt hem gemeen aan.

'Ik ga niet naar jouw huis,' sist Sam.

'Mijn moeder komt me halen.

Dat zei ze vanmorgen.'

Sam zegt dat maar.

Hij weet dat het niet waar is.

Maar nu hij het zegt, lijkt het waar.

'Goed hoor,' antwoordt Pepijn.

'Je moeder komt je ophalen.'

Ook hij praat zachtjes.

Hij weet dat Sam maar wat zegt.

'En ik wil je vriend niet meer zijn.'

Sam is woedend op Pepijn.

'Nou, dan niet,' zegt Pepijn.

Hij staat op en gaat met Rachid werken.

Sam is in de war.

Hij heeft nooit ruzie met Pepijn.

Ook Sam staat op van zijn plaats.

Hij gaat met Lisa werken.

Wat voelt hij zich rot.

Hij denkt aan nare dingen.

Dingen die hem triest maken.

Bijna gaat hij huilen.

Hij wil Pepijn slaan en hem uitschelden.

Lisa vraagt iets aan hem.

'Wat zeg je?'

Sam heeft haar niet gehoord.

'Weet jij hoe die som moet?

Je moet wel opletten, hoor.'

Sam kijkt naar de som.

Het is een moeilijke.

Maar Sam is goed in rekenen.

Hij legt de som aan Lisa uit.

'Dus zo moet je het doen,' zegt Sam.

Hij kijkt Lisa aan.

'Hè? Wat?' zegt Lisa.

Ze krijgt een rood hoofd.

'Wie let er hier niet op?' zegt Sam.

Ook hij krijgt een kleur.

Knikkeren

Na school knikkert Sam op de speelplaats.
Om het 'echie'.
Bruno wil niet meedoen.
Die speelt alleen om het 'neppie'.
'Nee Bruno,' zegt Sam.
'Wij spelen om echte knikkers.
Wie niet durft, moet maar kijken.'
Pepijn doet ook niet mee.
Stilletjes loopt hij naar het hek.
Hij zegt Sam niet gedag.
Normaal zou hij zeggen: 'Tot morgen.'
Nu zegt hij niets.
Bij het hek wacht zijn moeder.
Zij praat tegen Pepijn.
Ze vraagt iets en wijst op Sam.
Pepijn schudt zijn hoofd.
Pepijns moeder zet haar fiets neer.
Ze loopt op Sam af.
'Sam, je ging toch mee?'
'Nee hoor.
Mijn moeder komt zo,' liegt Sam.
Hij kijkt haar niet recht aan.
Dat durft hij niet.
'O, dan had ze wel even mogen bellen.'
De moeder van Pepijn klinkt kwaad.

'Ik dacht dat ze dat gedaan had.'

Leugens stapelen zich op, denkt Sam.

Dat gaat vanzelf als je het wilt.

Pepijns moeder loopt naar haar fiets.

Pepijn klimt bij haar achterop.

Samen met Pepijn fietst ze weg.

Zo, die zijn foetsie, denkt Sam.

Hij kijkt ze na.

Pepijn kijkt niet één keer om.

'Jouw beurt, Sam,' roept Rachid.

'Of doe je niet meer mee?'

'Het is zijn beurt niet,' gilt Erik.

'Ik ben.'

'Nou, gooi dan, slome,' zegt Sam.

Hij heeft pijn in zijn buik.

Straks is hij helemaal alleen.

Geen mam, geen Pepijn.

Wat moet hij doen?

Hij heeft geen zin meer in knikkeren.

Erik wacht lang met gooien.

Die wil winnen.

'Wat ben jij langzaam,' zegt Benjamin.

'Ach man.'

Eindelijk gooit Erik.

Een meter van het putje vandaan.

Ze lachen allemaal, behalve Erik.

'Dag Sam,' roept Lisa.

Ze staat bij het hek.

Lisa gaat ook naar huis.

Sam doet net of hij haar niet hoort.

'Hé, Lisa roept je,' zegt Erik.

Sam kijkt op.

Hij moet wel.

'Wat?' zegt hij verstrooid.

Lisa zwaait naar hem.

Sam steekt zijn hand op.

Weer krijgt hij een rood hoofd.

Snel gooit hij een knikker op.

'Het is mijn beurt!' schreeuwt Benjamin.

'Ja, gooi dan ook,' moppert Sam.

'Je bent al net zo langzaam als Erik.'

Sam voelt zich warm van binnen.

Blij omdat Lisa hem gedag heeft gezegd.

Hij wil alleen niet dat iemand het merkt.

'Is Lisa op jou?' vraagt Rachid.

'Nee, natuurlijk niet, stommerd.'

'Ja, wel hoor,' zegt Rachid plagend.

'Ik zie het aan je hoofd.'

Een lekke band

'Ik moet ook naar huis,' zegt Rachid.

Bruno is al lang weg.

Erik en Benjamin zijn net weggegaan.

'Ik zie je morgen.'

Sam steekt een hand op.

In zijn andere hand houdt hij de knikkers.

Tien heeft hij er gewonnen.

Dat is lang niet slecht.

Hij stopt de knikkers in zijn tas.

Bij het schoolhek staat zijn fiets.

Futloos slentert hij ernaartoe.

Hij haalt het slot van zijn fiets.

Dan ziet hij het.

'O nee,' zegt hij tegen zichzelf.

'Lekke band!'

Hij weet niet wat hij moet doen.

Er zit geen pompje op zijn fiets.

Misschien is er een pomp in school.

Hij rent naar de schooldeur.

Op slot!

Iedereen is al lang naar huis.

Natuurlijk, Pepijn woont vlakbij.

Maar daar durft hij niet naartoe.

Sam kreunt.

Het is ver lopen naar huis.

Hij besluit om toch naar Pepijn te gaan.

Het lijkt verder weg dan normaal.

Hij moet namelijk zijn fiets duwen.

Zenuwachtig belt Sam aan.

Wat moet hij zeggen?

Pepijn doet open.

Dat scheelt alvast.

'Wat kom je doen?'

Pepijn kijkt hem boos aan.

'Ik heb een lekke band.

Kan ik hier wachten op mijn moeder?'

'Ik dacht dat ze je kwam ophalen?'

'Je weet best dat dat niet waar is.'

'Dan heb je pech gehad.'

Pepijn gooit de deur dicht.

Daar staat Sam dan.

Wat zal hij doen?

Nog eens aanbellen?

Nee, dat durft hij niet.

Hij loopt weg.

De fiets aan de hand.

Alle kanten wil die op, behalve rechtdoor.

Lisa woont ook vlakbij, bedenkt Sam.

Zal hij bij haar langsgaan?

Daar kan hij mam bellen.

Hij gaat op weg naar Lisa.

Na honderd meter stopt hij al.

Hij durft niet naar Lisa te gaan.

Wat moet hij zeggen als hij daar is?

Hij wil niets vertellen.

Niet over de ruzie met Pepijn.

Niet over het liegen.

Wat zal Lisa wel niet denken?

Misschien denkt ze dat hij op haar is.

Sam vindt haar leuk.

Alleen hoeft ze het niet te weten.

Hij voelt hoe moe hij is.

Was hij maar thuis.

Dan kreeg hij limonade en koekjes.

Sam vecht tegen zijn tranen.

Hij wil niet gaan huilen.

Dat is niet stoer.

Hij ademt een paar keer diep in en uit.

Dan begint hij weer te lopen.

'Niet zeuren, Sam.'

Hij moppert op zichzelf.

'Gewoon doorlopen naar huis.'

Poep aan je schoen

Sam loopt en loopt.
Hij is nog lang niet thuis.
Wat een gedoe.
Zijn voeten doen zeer.
De fiets rijdt hoe langer hoe moeilijker.
De zon schijnt fel en is warm.
Wat heeft hij een dorst.
Hoe laat zal het nu zijn?
Je kunt het aan de zon zien.
Sam weet alleen niet hoe.
Hij loopt maar verder.
Wat moet hij anders?
Tijdens het lopen bedenkt hij van alles.
Hij verzint dat hij thuiskomt.
Daar is dan nog niemand.
Thuis zal hij op iemand moeten wachten.
Hij raakt in paniek.
Ze gaan natuurlijk eerst bij Pepijn langs.
Hij had daar moeten wachten.
Sam wordt bang.
Hij heeft gelogen.
Mam of pap komt hem ophalen bij Pepijn.
Maar daar is hij dan niet.
Ze zullen schrikken.
Ze gaan hem vast zoeken.

Misschien bellen ze de politie wel.

Zal hij omkeren?

Moet hij toch weer naar Pepijn gaan?

Hij zal straf krijgen.

Dan moet hij een hele week afwassen.

Of binnen blijven na school.

Of 'sorry' zeggen tegen Pepijns moeder.

Of....

Sam stopt.

Walgend kijkt hij naar zijn rechtervoet.

Poep!

Hij heeft in de poep getrapt.

Het stinkt.

Bijna gaat hij ervan braken.

Hij zet zijn fiets tegen een boom.

Hinkend gaat hij naar de stoeprand.

Daar veegt hij de poep af.

Bruine strepen op de stenen.

Iemand kijkt naar hem.

Het lijkt wel of die hem uitlacht.

Val zelf in de poep, denkt Sam.

Kwaad veegt hij verder met zijn voet.

Meer krijgt hij er niet af.

Het heeft niet geregend.

Dus zijn er ook geen plassen.

Poepresten afspoelen is er niet bij.

Verderop is een veldje.

Daar loopt hij naartoe.
Sam veegt zijn schoen langs graspollen.
Soms kun je beter ziek zijn, denkt hij.
Dan blijf je gewoon in bed.
De meeste poep is nu weg.
Sam pakt zijn fiets weer.
Hij loopt verder.
Dan komt hij bij de drukke weg.
De weg die vlak bij huis is.
Sam vrolijkt er een beetje van op.

Het stoplicht

De weg is altijd heel druk.
Allemaal mensen die naar huis gaan.
Auto's die uit de stad komen.
Auto's die de stad ingaan.
De poep aan zijn schoen is Sam vergeten.
Nu moet hij de weg over.
Hij loopt naar het zebrapad.
Het licht voor voetgangers is rood.
Netjes wacht Sam bij de stoeprand.
De auto's razen langs hem heen.
Uit verveling telt hij ze.
Als hij bij vijftig is, houdt hij op.
Het zijn er te veel.
Hij raakt de tel kwijt.
De auto's gaan langzaam rijden.
Een paar rijden nog even snel door.
Dan stoppen ze.
Het licht voor de auto's staat op rood.
Sam wacht nog.
Dan wordt het groen voor hem.
Het tikgeluid gaat van langzaam naar snel.
Hij stapt op het zebrapad.

Het gebeurt als hij halverwege is.
Een auto komt de hoek om.

De auto remt niet af.
Hij rijdt recht op Sam af.
Hij rijdt gewoon door.
Sam schrikt.
Hij kan nergens meer naartoe.
De auto rijdt te hard.
Verstijfd blijft Sam stilstaan.
Midden op het zebrapad.
Het fietsstuur in zijn handen geklemd.
Met bange ogen kijkt Sam naar de auto.
Hij schreeuwt.
Dan pas ziet de chauffeur hem staan.
De man schrikt ook.
Hij remt uit alle macht.
Gelukkig, de remmen doen het goed.
Vieze zwarte strepen komen op het wegdek.
Piepend stopt de auto vlak voor Sam.
Heel dicht bij zijn been.
De wereld staat even stil.
Dan komt het geluid terug.
Alles begint weer te leven.
Sam staat te rillen van schrik.
De bestuurder draait zijn raampje omlaag.
'Hé, sufferd!
Ken je niet uitkijken?' schreeuwt hij.
Sam weet zeker dat zijn licht groen was.
De auto was fout.

Maar Sam zegt niets.
Zo erg is hij geschrokken.
Ineens begint hij te huilen.
Zijn benen trillen heel erg.
'Schiet op. Loop door,' roept de man.
'Weg voor mijn auto, rotjoch.'
Hij toetert een paar keer woest.
Sam is nu nog meer in de war.
Onzeker holt hij naar de overkant.
De fiets slingert in zijn handen.
Door de lekke band bonkt de fiets.
De band loopt van het wiel af.
Dan is hij eindelijk aan de kant.
Het licht voor de auto's wordt groen.
Nu beginnen ze weer te rijden.
De automobilisten kijken kwaad naar Sam.
Alsof het zijn schuld was.
Sam laat zijn fiets vallen.
Slap zakt hij ernaast in elkaar.
Hij kon er niets aan doen.
Het was zijn schuld toch niet?
Het huilen wil maar niet stoppen.

Een vondst

Sam staat op.
Bezorgd kijkt hij naar zijn fiets.
De binnenband zit om de naaf gedraaid.
Zwijgend rijdt hij de fiets vooruit.
Dan weer achteruit.
Hij probeert de band los te krijgen.
Met veel moeite lukt het hem.
Sam legt de band terug om het wiel.
Nu kan hij er weer mee lopen.
Niet te snel.
Anders loopt hij er opnieuw af.
Hij houdt het wiel in de gaten.
Hé, wat is dat?

Sam houdt zijn pas in.
Hij heeft iets gezien.
Er lag iets te glanzen.
Hij doet een pas terug.
En nog één.
Hier was het toch ergens.
Ja, daar glinstert het weer.
Sam pakt het op.
Het is een euro!
Wat een mazzel.
Hij stopt het geld in zijn broekzak.
Langzaam loopt Sam verder.

Nu let hij niet meer op de band.

Hij zoekt de grond af.

Misschien vindt hij nog meer geld.

Of vindt hij andere bruikbare dingen.

Sam is een goede dingen-vinder.

Soms vindt hij schroeven of spijkers.

Die vindt pap nog wel eens handig.

Eén keer heeft hij een radio gevonden.

Die deed het ook nog!

Er moesten alleen maar batterijen in.

Sam snapt niet dat mensen zoveel wegdoen.

Dingen die gewoon nog goed zijn.

Sam loopt langzaam om beter te speuren.

Hij kan ook niet sneller lopen.

Anders gaat de band weer tussen het wiel.

Hij kijkt goed naar de grond.

Als een speurhond zoekt hij.

Even later vindt hij weer wat.

Een mooie knikker, een bonk.

Groot en groen met gouden spikkels.

Hij pakt hem op.

Hij voelt zwaar aan.

Misschien valt alles nog wel mee.

Dan is mam straks gewoon thuis.

Het kan zijn dat ze eerst naar huis komt.

Dat ze daarna pas naar Pepijn gaat.

'Hé Sam,' schreeuwt iemand.

Sam kijkt verrast op.

Het is Erik.

Hij zit achter op de fiets bij zijn moeder.

'Waar ga je naartoe?' roept Sam.

De moeder van Erik fietst hard door.

Het lijkt of ze haast heeft.

'Naar zwemmen,' schreeuwt Erik terug.

Hij zwaait naar Sam.

Sam lacht en zwaait terug.

Het lijkt net of er niets gebeurd is.

Het is of Sam gewoon naar huis loopt.

Alsof hij dat elke dag doet.

De grote jongen

Sam is vlak bij huis.
Nog een paar straten maar.
De zon schijnt al minder fel.
Het is laat, denkt hij.
Zijn voeten doen nu echt pijn.
Hij is moe.
Nog even doorzetten.
'Hé jongetje, wat doe jij hier?
Is je fietsje stuk?'
Geschrokken kijkt Sam op.
Voor hem staat een grote jongen.
Die kijkt hem vals aan.
Sam schrikt daar nog meer van.
'Nou, ik vraag je wat.
Heb je je tong soms verloren?'
De jongen doet een stap dichterbij.
Sam doet een stap achteruit.
Hij is bang.
'Wat heb je in je tas?' vraagt de jongen.
'Niets,' zegt Sam.
'Dat is niet veel.'
De jongen lacht gemeen.
Snel springt hij op Sam af.
Hij grijpt hem bij zijn arm.
Van schrik laat Sam zijn fiets vallen.

'Geef mij die tas maar.

Dat wil ik wel eens zien.

Een tas waar niets in zit.'

Sam probeert zich los te rukken.

Maar de grote jongen is sterk.

Hij blijft hem vasthouden.

Dan draait de jongen zijn arm om.

'Au, au.'

Sam gilt.

'Laat me los.'

De jongen lacht hard.

'Nee, nog niet.

Eerst wil ik die tas.'

Hij rukt en trekt aan de tas.

Sam kan niets doen.

Hij probeert los te komen.

Maar daardoor doet zijn arm nog meer pijn.

Dan laat de jongen zijn arm los.

Meteen springt Sam achteruit.

Weg van dat rotjoch.

De jongen heeft nu zijn tas.

Hij ritst hem open.

Dan houdt hij de tas ondersteboven.

De knikkers stuiteren over de grond.

Sams beker en brooddoos vallen eruit.

Het briefje van school waait weg.

'Niets. Noem je dit niets.'

De jongen buldert van het lachen.

Hij graait de knikkers bij elkaar.

Lachend stopt hij ze in zijn broekzak.

Dan komt hij weer op Sam af.

'Heb je geld, knul?' snauwt hij.

Sam doet zijn hand in zijn broekzak.

De bonk en de euro houdt hij stevig vast.

Hij loopt achteruit, weg van de jongen.

'Kom hier als ik tegen je praat.'

Sam rent een eindje weg.

De jongen blijft staan.

Hij komt niet meer dichterbij.

Even kijkt hij vrij boos naar Sam.

Dan loopt hij terug naar de fiets.

Hij schopt hard tegen de brooddoos van Sam.

De tas smijt hij in de bosjes.

Hij pakt de fiets op.

Spottend kijkt hij achterom naar Sam.

'Bedankt,' roept hij.

Dan loopt hij weg.

Met de fiets.

Een enge, oude vrouw

Bedroefd loopt Sam naar zijn brooddoos.
Die is totaal kapot.
Hij raapt de stukken op.
Dan pakt hij zijn tas uit de bosjes.
Sam doet de stukken van de doos erin.
Daarna pakt hij zijn beker.
Die doet hij ook in de tas.
Gelukkig heeft hij zijn euro nog.
Ook de bonk zit nog in zijn zak.
Toch voelt Sam zich niet blij.
Met gebogen hoofd loopt hij richting huis.
De tas hangt suf in zijn hand.
Wat een rotmiddag.
Sam slentert verder.
Hij kijkt niet waar hij loopt.
Daarom botst hij tegen een oude vrouw op.
Bijna valt ze op de grond.
Ook dat nog.
'Kijk toch uit, jongen,' zegt ze boos.
Ze is erg geschrokken.
Net als Sam.
'Sorry mevrouw,' stamelt Sam.
Hij kent haar wel.
Het is die gekke, oude vrouw.
Ze loopt altijd over straat te zwerven.

Soms praat ze hardop in zichzelf.

Sam heeft haar een keer uitgescholden.

Als ze hem maar niet herkent.

Hij wil weer doorlopen.

De vrouw roept hem terug.

'Kom jij eens even hier,' zegt ze.

Sam gehoorzaamt.

Hij loopt naar de vrouw toe.

'Ken ik jou niet?'

Het zweet breekt Sam uit.

Heftig schudt hij zijn hoofd.

De vrouw ziet er eng uit.

Voor het eerst ziet hij haar van dichtbij.

Ze heeft een bril op met dikke glazen.

Daardoor lijken haar ogen nog strenger.

Ze lijkt op een uil die een muis beloert.

De muis, dat is hij, natuurlijk.

Ze staat krom.

In haar hand heeft ze een stok.

Als ze daar maar niet mee gaat slaan. Vandaag is
alles mogelijk, denkt Sam.

'Wat is er met jou aan de hand?'

De woorden komen boos haar mond uit.

'Ik, eh, ik...'

Sam weet niet wat hij moet zeggen.

'Is er iets gebeurd?

Je kijkt zo verdrietig.'

Nu klinkt ze wel aardig.

Sam kijkt haar aan.

Ze lacht zelfs een beetje.

Dat had hij niet van haar verwacht.

'Vertel het me maar,' moedigt ze hem aan.

'Wat is er?'

Dan begint Sam weer eens te huilen.

Hij huilt vandaag erg veel, vindt hij zelf.

Daar moet hij toch eens mee ophouden.

Maar dat kan hij niet.

Hij vertelt wat er is gebeurd.

Dwars door zijn tranen heen.

Snotterend komen de woorden zijn mond uit.

De vrouw luistert.

Af en toe knikt ze begrijpend.

Als hij klaar is, zegt ze:

'Kom jij maar eens mee.

Ik weet waar die jongen is.

Daarnet heb ik hem nog gezien.'

Sam loopt naast de vrouw.

Ze stapt flink door.

Ze lopen straat in straat uit.

Dan slaan ze een hoek om.

Daar ziet Sam de grote jongen staan.

Hij ziet hen niet.

Hij staat met zijn rug naar hen toe.

Toch blijft Sam geschrokken staan.

Hij is nog steeds bang voor de jongen.
Maar de vrouw stapt op de jongen af.
Ze pakt hem bij een schouder.
'Zo, en nu geef jij die knikkers terug.'
De jongen schrikt zich rot.
Gehoorzaam haalt hij ze uit zijn zak.
Hij geeft ze aan de vrouw.
'Waar is de fiets van die jongen?'
'In… in de bosjes, daar mevrouw.'
Hij wijst naar struiken iets verderop.
'En nu wegwezen jij.
Laat dit nooit meer gebeuren.'
De jongen rent weg.
Nu wenkt de vrouw Sam.
Samen lopen ze naar de struiken.
Daar ligt zijn fiets tussen de takken.

Sam trekt hem eruit.
De binnenband zit weer tussen het wiel.
Na veel peuteren krijgt hij hem los.
'Ga maar snel naar huis,' zegt de vrouw.
'Je moeder zal wel ongerust zijn.'
Sam knikt.
'Vertel haar maar gewoon alles.
Zoals je het ook aan mij hebt verteld.
Dan zal ze het wel begrijpen.'
Sam hoopt het.
Hij bedankt de vrouw.
Ze nemen afscheid.

Thuis!

Sam loopt nu snel door naar huis.
Hij kijkt niet meer naar zijn band.
Hij zoekt geen dingen meer.
Hij wil naar huis.
Eindelijk is hij in zijn straat.
De lantaarns gaan al aan.
In de keuken brandt licht.
Er is iemand thuis.
Sam gooit zijn fiets voor de deur.
Opgelucht belt hij aan.
Mam doet open.
Weer moet Sam huilen.
Hij vertelt haar alles.
Rustig luistert mam naar zijn verhaal.
De vrouw had gelijk.
Mam begrijpt hem gewoon.
'Jongen, wat een avontuur,' zucht ze.
'Ik ben blij dat je weer thuis bent.
Ik was zo ongerust.
Laten we Pepijns moeder maar bellen.'

Mam praat eerst met Pepijns moeder.
Daarna geeft ze de hoorn aan Sam.
'Pepijn wil je even spreken,' zegt ze.
'Hallo?' zegt Sam.

'Hoi.' Pepijn klinkt verlegen.

Sam zwijgt.

Hij weet niet wat hij moet zeggen.

'Sam?' zegt Pepijn ten slotte.

'Ja?'

'Het spijt me.'

'Ja, mij ook,' zegt Sam.

Hij zucht opgelucht.

'Zullen we weer vrienden zijn?'

'Goed.'

'Oké, tot morgen dan.'

'Ja.'

Meteen gaat de telefoon weer.

Sam neemt op.

'Hallo, met Sam,' zegt hij.

'Hai, met Lisa.'

Sam krijgt een roder dan rood hoofd.

'Kom je morgen bij me spelen?'

Sam is stil.

'Ja?' vraagt Lisa.

'Ja, ja natuurlijk,' mompelt Sam.

'Leuk, tot morgen, Sam.'

'Ja, tot morgen.'

Sam hangt op.

Hij lacht.

Sam en Spetter.
Hun naam begint met dezelfde letter.
Toch lijken ze niet op elkaar.
Zo is Spetter glad en heeft Sam haar.
Ze hebben ieder een ander leven.
Het zijn andere dingen die ze beleven.
Sams avontuur staat in dit boek.
Onheil voor Spetter komt uit een andere hoek.
Het leven in zee is ook niet saai.
Als eerste zijn daar tanden van de haai.
Heel gevaarlijk voor een dolfijn.
Ook de beet van de orka doet pijn.
De mens gooit afval en gif in zee.
Daardoor valt het leven ook niet mee.
Ten slotte zijn er de grote netten.
Ook daar moet Spetter goed op letten.
In de zee beleeft hij dus zijn avonturen.
Net als Sam op het land in al die uren.

sam & spetter
sok
simpel
sis
soep
sabine
schrijft
sara
spetter
sip
smak
spot
schip
spit
smul
spel
schep
spinazie
(bah)
sla
super
saai
samsam

In Spetter 4 zijn verschenen:

Serie 2
Arno Bohlmeijer: Help mij!
Margriet Heymans: Dora, of de tante van de trollen
Vivian den Hollander: Spekkie en Sproet en de gestolen auto
Anton van der Kolk: De dag dat er niets bijzonders gebeurde
Elle van Lieshout en Erik van Os: O, mijn lieve, lieve Lien
Nanda Roep: Het monsterfeest
Nicolette Smabers: De brief van oom Nejus
Anke de Vries: Kijk naar de kat!

Serie 3
Vivian den Hollander: Spekkie en Sproet en het vreemde briefje
Joke van Leeuwen: Sontjeland
Elisabeth Mollema: Opa ontvoerd
Lidewij van den Eerenbeemt: Zwanen zijn van niemand
Hendrickje Spoor: Joris en de zeven meisjes
Bies van Ede: Vlieg op!
Koos Meinderts: Leve de nieuwe koning!
Roswitha Wiedijk: Spoken op de kermis

Serie 4
Stef van Dijk: Wat een avontuur
Vivian den Hollander: Spekkie en Sproet en het verdwenen beeld
Arend van Dam: Een held op sokken
Anton van der Kolk: Een hoge pieptoon
Martine Letterie: De tweelingclub
Paul van Loon: De papoes
Nanda Roep: Getsie Gertje
Frank Smulders: Zoen me

Spetter is er ook voor kinderen van 6 en 8 jaar.

STICHTING NEDERLANDSE
KINDERJURY
2002

Boeken met dit vignet zijn op niveaubepaling geregistreerd en gecontroleerd door KPC Groep te 's-Hertogenbosch.

0 1 2 3 4 5 / 05 04 03 02 01

ISBN 90.276.8198.8 • NUGI 220

Vormgeving: Rob Galema
Logo Spetter en schutbladen: Joyce van Oorschot

© 2001 Tekst: Stef van Dijk
Illustraties: Camila Fialkowski
Uitgeverij Zwijsen Algemeen B.V. Tilburg

Voor België:
Zwijsen-Infoboek, Meerhout
D/2001/1919/314